M. DE LAMARTINE

A BOURGES

RÉCIT ANECDOTIQUE

PUBLIÉ AU PROFIT DES PAUVRES

Prix : 75 Centimes.

BOURGES

E. Just BERNARD, LIBRAIRE-ÉDITEUR, RUE COUR-SARLON

1869

Imprimerie MARGUERITH-DUPRÉ, rue de Paradis, 16.

M. DE LAMARTINE

A BOURGES

BOURGES. -- IMPRIMERIE MARGUERITH-DUPRÉ

M. DE LAMARTINE

A BOURGES

RÉCIT ANECDOTIQUE

La France a été attristée depuis quelques mois par les décès accumulés de plusieurs personnages qui, à des titres divers, ont occupé l'attention publique (1). Mais elle doit surtout porter le deuil d'un de ses plus illustres enfants, d'un de ses plus grands citoyens, d'un orateur et d'un écrivain sublime, et du premier poète lyrique de tous les siècles ; — d'un homme que la noblesse et la générosité de son cœur, que la beauté de son âme, forte, compatissante, ouverte à tous, et son intrépidité au milieu des périls publics, ont élevé presque aussi haut que son génie.... J'ai nommé M. Alphonse de Lamartine.

Ce grand homme si regrettable et si justement aimé, dont le nom, comme ceux d'Homère, de Virgile et de Cicéron, retentira dans la dernière postérité ; et qui vient de rejoindre sa mère, sa femme et son enfant dans le caveau funéraire de Saint-Point, — Bourges l'a possédé quelques instants, il y a justement vingt ans à cette époque, au mois de mars 1849.

Bourges s'en souvient-il ?...

Les événements se précipitent avec une telle rapidité, les esprits sont si aisément distraits des choses du passé ; une génération a sitôt remplacé celle qui la précédait, que peut-être est-il bon de fixer sur le papier le souvenir de ce séjour du grand homme, dont les curieux un jour rechercheront soigneusement toutes les traces, et de constater, comme pour en orner les annales de la cité, les jours, les heures et les occupations qui l'ont retenu parmi nous.

(1) MM. Valewski, Rossini, de Rothschild, Dalloz aîné, de Moustier, Berryer, Troplong.

Celui qui entreprend cette tâche a eu l'honneur d'être, à Bourges, l'hôte de M. de Lamartine ; et le bonheur de recevoir plusieurs fois de sa bouche et de sa plume, le doux titre d'ami. Il le méritait par une profonde admiration, et le plus tendre attachement.

Il présentera dans toute leur naïveté ces détails familiers et fort simples en eux-mêmes, que quelques notes recueillies dans le temps lui permettront de reproduire avec une grande exactitude.

On était à l'ouverture du printemps de 1849. Les rênes de l'État étaient déjà confiées aux mains du prince Louis-Napoléon, sous le titre de Président de la République. Le gouvernement provisoire dont M. de Lamartine avait été le chef avoué de tous et l'honneur, s'était trouvé renversé à la suite des événements terribles du mois de juin 1848. Mais, déjà au mois de mai précédent, une émeute violente avait éclaté dans Paris ; elle avait envahi et violé la séance des représentants du peuple, faisant mine de vouloir substituer une sorte de triumvirat au gouvernement momentané, que le pays avait accepté. Cet acte audacieux avait été réprimé. Il s'agissait d'en juger les auteurs et leurs complices. Ils avaient été renvoyés devant une haute Cour d'organisation récente, composée de magistrats pris dans la Cour de cassation, et assistés d'un jury nombreux. Et cette Cour devait siéger à Bourges, où l'on concentrait un certain nombre de troupes afin d'assurer l'œuvre de la justice et la tranquillité publique.

Comme toutes les âmes sensibles aux charmes de la poésie et de l'éloquence, j'étais enthousiasmé des écrits de M. de Lamartine. Ils m'avaient inspiré pour ses talents et sa personne la sympathie la plus puissante. Sa liaison avec mon beau-frère, M. Alphonse Grün, alors directeur du *Moniteur universel*, m'avait procuré la faveur de le rencontrer, de faire sa connaissance à Paris dans le cours de l'automne de 1836. Nous avions passé, chez des amis communs, toute une soirée ensemble, dans laquelle son âme s'était livrée à d'honorables épanchements. Il m'avait permis, depuis, de lui envoyer quelques pièces de vers. — Après 1848, j'avais eu occasion de lui écrire quelquefois, soit pour le féliciter de sa merveilleuse éloquence, soit pour le remercier de son héroïque énergie, de ses glorieux efforts pour maintenir le règne des lois et de l'humanité en rassurant les gens de bien ; soit enfin, un peu plus tard, pour l'aider par l'entremise de mes amis à se faire élire député d'Orléans.

Une après-midi du mois de février 1849, j'étais au coin de mon feu, occupé justement à lui écrire, lorsque le poète Allix, alors professeur au collége de cette ville, entra dans mon cabinet tout agité et joyeux. Il venait m'assurer que le jour de la réunion de la Haute-

Cour était fixé, et qu'il était tout à fait certain que le roi des poètes, que le vainqueur du désordre serait cité devant elle comme témoin. Ainsi nous le verrons, nous le posséderons, ajoutait-il, quel bonheur! Profondément ému comme lui de cette bonne nouvelle, j'ajoutai sur-le-champ dans ma lettre à M. de Lamartine, un *post-scriptum*, où je prenais la liberté de lui offrir, à défaut d'asile plus brillant et plus vaste, l'usage par moitié de l'habitation que j'occupais seul avec mon plus jeune fils. C était une petite maison neuve située à l'entrée des bains Saint-François, ayant vue sur un petit jardin fort propre, dont j'avais la clé; et s'appuyant sur l'un des vieux piliers de la grande porte de l'ancien couvent (1). « Venez, disais-je à M. de Lamartine, « consoler ma solitude. Si un aigle peut momentanément se poser « dans le nid d'un pinson, venez combler d'honneur votre modeste « ami, dormir sous son toit, et manger à sa table d'homme ruiné par « les événements. »

L'appartement que je lui destinais se composait de ma chambre à coucher ayant une vaste alcôve, et de deux cabinets de toilette; plus, s'il le désirait, de mon propre cabinet de travail, qui était la belle pièce du logis.

Il eut la bonté de répondre que, lui offrît-on un palais à Bourges, c'est près de moi qu'il voudrait venir; qu'il acceptait donc avec empressement mon hospitalité cordiale.

Je m'occupai aussitôt de certains préparatifs. Je renouvelai quelque peu mon mobilier et certains ustensiles de table et de cuisine. Je me pourvus d'une cuisinière de renfort, qui avait de la réputation. — Mais bientôt une préoccupation me saisit. Ma maisonnette ne serait-elle pas bien triste pour M. de Lamartine, s'il n'y trouvait, outre les domestiques, qu'un magistrat veuf et un pauvre orphelin, écolier d'une quinzaine d'années? Il a l'habitude de vivre entre une femme angélique, pleine de talents, et une nièce également belle et spirituelle, qui réunit, dit-on, un cerveau viril, à la sensibilité de son sexe (Mlle Valentine de Cessiat). Ne faudrait-il pas que mon illustre visiteur rencontrât sous mon toit un sourire, un regard féminins, qu'il y entendit le frôlement d'une robe?

... J'avais, quelques mois auparavant, laissé à la campagne, près d'Étampes, deux dames, amies agréables et distinguées, en les détournant de rentrer à Paris où l'on craignait de nouveaux troubles.

(1) Cette maison appartenait et appartient encore à M. Ch. Goyer, entrepreneur de bâtiments, qui habite non loin de là, place Saint-Pierre-le-Guillard.

Le pays d'Étampes, à la fin de février, n'avait pas encore repris sa
beauté. Bourges au contraire s'animait, allait devenir plus intéres-
sant, par la présence de la Haute Cour et de de tout ce qu'elle amè-
nerait autour d'elle. Et puis, voir familièrement M. de Lamartine
pendant un mois peut-être, déjeûner et dîner chaque jour avec lui,
cela me paraissait une bien puissante séduction. J'adressai donc une
vive requête à mes deux honorables amies pour qu'elles vinssent faire
à Bourges un séjour de quelques semaines, et m'aider à faire à mon
hôte illustre les honneurs de ma chaumière ; je trouvais pour les loger
deux chambres décentes chez un de mes plus proches voisins (1).
Après quelques difficultés ou hésitations, ces dames voulurent bien
acquiescer à mes désirs et j'eus l'honneur de les recevoir le 8 mars.

De leur côté, les magistrats de la Haute Cour arrivaient ; les accusés aussi. On enferma ces derniers dans diverses cellules de notre
vieux Palais-de-Justice. La Haute Cour s'emparait de notre grande
salle d'audience, et nous mettait en vacances forcées, au moins pour
le service civil. Ses séances ne tardèrent pas à s'ouvrir. M. de Lamartine ne paraissait point ; divers obstacles retardaient son départ ;
j'en avais conféré avec MM. de la Haute-Cour, que je trouvais à son
égard pleins de condescendance. Enfin une lettre de lui m'annonça
qu'il arriverait le mardi 12 mars, par le chemin de fer, vers 3 heures
de l'après-midi.

Ce jour-là donc, un peu après deux heures, je montai, non sans
émotion, dans une calèche à deux chevaux que me prêtait un très-
obligeant collègue (2), et je me rendis à la gare du chemin de fer. Ce
n'était point la grande gare actuelle ; c'était un établissement provisoire construit en bois, en avant de celle d'aujourd'hui, et sur l'ancienne route de Paris, à l'issue du faubourg Saint-Sulpice. En me
voyant descendre de voiture, une agréable dame de la société d'alors,
qui se trouvait là, Mᵐᵉ Dupuy, femme d'un ancien préfet de la Haute-
Loire, retiré à Bourges, s'avança vivement et me dit : « Monsieur le
« conseiller, quelque chose d'extraordinaire vous amène. Ne vien-
« driez-vous pas au-devant de M. de Lamartine? Oh ! que je serais
« désireuse de le voir ! De grâce, montrez-le moi ! » — Vous avez
rencontré juste, Madame, lui dis je. Tenez-vous à portée de ma voiture, et le bel homme de haute taille que vous m'y verrez faire monter sera précisément M. de Lamartine ; je ne viens ici que pour lui.
Le train arriva presque aussitôt, les voyageurs descendirent ; per-

_____

(1) Le sieur Charles, maître charpentier.
(2) M. Adrien Corbin de Mangoux.

sonne ne paraissait pour moi ! Je commençais à craindre que mon
hôte, longtemps attendu, n'arrivât point encore ce jour-là ; quand,
allant et venant le long des wagons, un employé, ou homme d'équipe,
m'apprit qu'il se trouvait un voyageur attardé au fond du train parce
que, à l'aide d'un domestique, il s'occupait de faire remettre sur ses
roues une voiture de poste qui l'avait suivi dans son voyage. Cette
voiture me déroutait encore ; cependant je courus vers l'endroit indi-
qué, et ce voyageur était heureusement le grand personnage que je
venais chercher. Bien que amaigri, il me parut peu changé, malgré
les émotions, les soucis et les fatigues qu'il avait endurées depuis
treize ans. Des mesures étant prises pour que des chevaux vinssent
prendre la chaise de voyage, je fis approcher la calèche qui m'avait
amené et nous y montâmes en hâte, saluant la dame dont j'ai parlé
tout à l'heure et un groupe d'autres personnes dont la première curiosité se trouvait satisfaite.

Après les premiers compliments, M. de Lamartine m'expliqua qu'il
espérait, pendant les séances de la Haute Cour, pouvoir faire un
voyage à Mâcon où des affaires l'appelaient ; que c'était pour cela
qu'il amenait une chaise de poste. Je lui confiai ma crainte que son
calcul ne fut trompé. Je conjecturais en effet qu'il serait de tous les
témoins le plus fréquemment interrogé, le plus rappelé devant les
magistrats. « Tous ces messieurs républicains ou socialistes, lui di-
« sais-je, qui ont conspiré contre vous, après avoir eu l'air de suivre
« votre drapeau, ont cherché à vous plaire ou du moins à ne pas
« vous choquer ; ils ne se sont montrés à vous que par leurs côtés ou
« leurs facettes les meilleures, les plus acceptables. Chacun d'eux
« aujourd'hui se réclamera de vous, en appellera à votre témoignage
« pour établir que s'il a pu s'égarer en doctrine il n'a été ni violent
« ni cruel, qu'il ne voulait ni oppression, ni tyrannie, etc. » Cette
réflexion toucha M. de Lamartine. « Vous m'effrayez un peu sur le
« sort de mon projet de voyage, répondit-il ; mais après tout, j'ai
« au moins un ami dans la Haute-Cour ; j'espère qu'on aura pour
« moi un peu de complaisance.

Arrivés à ma maisonnette, mes deux dames le reçurent gracieuse-
ment à mon foyer. Je lui présentai mon cher enfant, qui lui plut au
premier coup-d'œil. Je le lui offris pour *page* pendant tout son séjour
à Bourges, en ajoutant qu'il pourrait lui donner ses ordres également
en français, en latin ou en anglais. Je l'introduisis ensuite dans son
petit appartement qu'il eut la politesse de trouver suffisant, plus com-
mode même que celui qu'il occupait à Paris. Plus tard, son domestique, qui portait le nom d'un poète de mon pays natal, *Gilbert*, m'af-

firma que c'était l'exacte vérité. A la campagne, me dit-il, tout le
monde est bien au large, mais à Paris, on est depuis quelque temps
bien resserré, et Monsieur est si bon qu'il cède presque tout à Madame, et se contente pour lui-même d'une très-petite chambrette, beaucoup moins belle que celle-ci. Outre ce domestique ou valet de chambre, mon hôte illustre était accompagné d'une belle et fine lévrette
aux grands yeux de gazelle. On connaissait partout son affection pour
les animaux en général, et pour cette jolie race de chiens en particu-
.lier. Il s'excusa d'avoir amené cette levrette. Elle n'est peut-être pas
toujours assez circonspecte, ajouta-t-il ; mais elle m'est si tendrement
attachée que la priver de ma présence pendant une huitaine de jours
seulement serait la condamner à mourir. Gilbert veillera sur elle au-
tant que possible.

Nous avions remarqué que sa botte gauche était fendue au-dessus
du gros orteil. Une blessure qu'il s'était faite autrefois, dans une promenade à cheval avec le neveu de lord Byron, s'était r'ouverte et
endolorie, et l'obligeait pour le moment à cette précaution.

Ses vêtements et son linge déballés et casés dans mes armoires je
l'aidai à ranger sur le petit bureau que je lui affectais un assez grand
nombre de beaux volumes in-8° qu'il voulait consulter, et dont plusieurs étaient des livres d'histoire du bon Rollin. Le travail auquel il
entendait se livrer assidûment à Bourges était une histoire de la révo-
lution de 1848 qui a paru plus tard en deux volumes. Il me demanda
un encrier à large ouverture. J'en conserve heureusement un de ce
calibre, qui vient de ma mère. Je le lui apportai en déclarant que
l'usage qu'il allait en faire achèverait de le consacrer à mes yeux. Cet
incident nous conduisit à parler de nos deux mères, femmes de la
même pâte, de vertus analogues, et dignes des plus tendres, des plus
durables regrets.

M. de Lamartine avait perdu l'habitude d'écrire sur une table,
comme tout le monde. Il n'écrivait plus en quelque sorte que sur ses
genoux, en ayant soin de tenir un pied élevé à la hauteur de la ta-
blette de la cheminée, position favorable à sa blessure du gros orteil.
Je fis venir sur le champ un menuisier, qui, en une demi-heure, lui
fabriqua, du couvercle d'une de mes caisses de voyage, une planche
à écrire, selon son goût, dont il s'est toujours servi chez moi et que
je conserve à l'état de relique.

Il désira aussi lire dans quelque journal du pays le compte-rendu
des audiences de la Haute Cour. Je m'abonnai tout de suite à un journal que publiait M. Manceron père, sous le titre du *Droit commun*,
et qui me fut servi exactement pour l'usage de M. de Lamartine pendant la durée du procès.

Je prévins en même temps de son arrivée MM. Béranger, président de la Haute Cour ; Rocher, ancien condisciple et ami de M. de Lamartine, et Baroche, procureur-général. Ces Messieurs promirent de le faire appeler le plus tôt que faire se pourrait.

Il me confia son argent de voyage que je serrai dans la cave de mon grand bureau, et nous nous mîmes à parler un peu de politique. Il me fit l'éloge du Prince président, chez lequel il déclarait trouver des qualités précieuses. Il avait été personnellement très-lié avec son frère, mort dans les troubles d'Italie en 1848. Il me parut croire à la vitalité de la République. Je commençais à lui exposer les raisons de plus d'une sorte qui m'attachaient à l'opinion contraire, quand la sonnette du dîner nous fit descendre à six he res.

Nous nous trouvâmes donc cinq à table dans ma petite salle à manger : M. de Lamartine occupant, bien entendu, la place d'honneur. Excité par le voyage, il avait assez d'appétit, et ma cuisinière, heureusement justifia sa réputation. Tout était bon et bien préparé. Notre hôte illustre fut simple, grâcieux, même communicatif et abondant en paroles. On causa de toutes sortes de sujets, de divers personnages qui se trouvaient alors en évidence ; puis du procès et des accusés qu'on y allait juger. Il nous dépeignit à grands traits certains d'entre eux, et parla favorablement de plusieurs.

Après le dîner, on remonta dans mon cabinet que M. de Lamartine avait trouvé de son goût. Tantôt assis sur une causeuse, tantôt marchant le long de la bibliothèque, il alimenta vivement la conversation. Il connaissait un peu mon beau pays des Vosges ; il avait visité Plombières, Épinal, et le magnifique enclos dans lequel s'étaient transformés en jardins d'Armide l'aride montagne et les débris de l'ancienne forteresse de nos ducs de Lorraine. Il connaissait aussi plusieurs familles de mes amis : les Sers, de Bordeaux, race de sénateurs et de préfets, les De Soultrait, du Nivernais, dont l'un, le comte Gaspard, avait habité Mâcon, et dont Bourges a compté depuis l'une des filles, Mme Victor de Matharel, parmi les jeunes femmes brillantes de ses salons. Je le remerciai de la protection qu'il avait bien voulu, sur mon désir, accorder a un jeune homme de mérite qui avait été mon secrétaire du parquet, et qu'il avait chaudement recommandé au Grand-Vizir, à Constantinople, lui préparant ainsi une carrière qui est devenue intéressante et assez fructueuse. Tout en causant et prenant le thé, M. de Lamartine jouait avec sa levrette dont j'ai oublié le nom ; il la coiffait et l'emmaillottait, soit dans un pan de son paletot, soit dans un vieux châle de l'une de nos dames, traitant en poupée la douce bête, heureuse de ces badinages.

Vers dix heures et demie, l'on tint conseil pour arrêter le genre de vie que l'on suivrait dans la maison pendant le mois ou les quelques semaines que l'on pensait avoir à passer ensemble, sauf celle que M. de Lamartine pourrait dérober à Bourges pour sa course à Mâcon.

Il nous avoua qu'il faisait, ce même soir, un grand écart de régime, en acceptant du thé, quoique absolument noir, et en veillant au-delà de neuf heures et demie. Il nous pria de trouver bon que, selon son habitude, il se retirât de bonne heure. Il nous apprit que, en toute saison, il se couchait tôt et se levait de très-grand matin, pour se mettre à l'ouvrage ; qu'ayant à travailler beaucoup pendant son séjour à Bourges, il désirait le faire presque sans interruption depuis son lever jusque vers une heure de l'après-midi ; qu'il ne prenait pas plus de café que de thé ; que son déjeûner, par ordre du médecin, ne consistait, chaque jour, que dans un petit plat d'épinards au beurre, suivi d'une tasse de chocolat ; qu'il aimerait à prendre ce déjeûner dans sa chambre pour ne presque pas quitter le travail ; que de plus, il nous demandait la permission de ne boire que d'un certain vin bordelais de Léoville, dont Mme de Lamartine lui avait fait mettre un nombre de bouteilles suffisant dans sa chaise de poste. Ces dispositions modifiaient mon plan personnel, et rendaient inutiles plusieurs de mes petits préparatifs et acquisitions. Des ordres furent donnés en conséquence à la cuisinière, et une clé fut confiée au valet de chambre Gilbert, qui, faute de place dans ma maisonnette, devait coucher aussi chez un voisin, afin qu'il pût, dès le lendemain et chaque jour, pénétrer chez M. de Lamartine, dès cinq heures du matin. Gilbert remplit ce devoir avec une extrême exactitude ; et il arriva une fois ou deux, que moi, qui ai l'habitude de reprendre le travail à dix heures du soir et de le prolonger assez avant dans la nuit, je n'étais pas endormi encore, quand j'entendais Gilbert monter chez son maître pour l'éveiller et allumer son feu. Nous ressemblions ainsi, M. de Lamartine et moi, à deux sentinelles du travail se relevant l'une l'autre, et faisant leur service alternativement.

Tout cela convenu et arrêté, à onze heures du soir on se quitta en se serrant la main. M. de Lamartine, paraissant satisfait de l'accueil de famille qu'il recevait ; et nous tous, enchantés de ses manières, de ses grâces cordiales, et de sa bonté.

A présent que voilà mon glorieux hôte installé sous mon toit, où, contre notre attente, il n'a passé en réalité que quatre à cinq jours, je vais continuer mon récit, en parlant *au présent*, comme je le faisais chaque soir dans mes notes rapides. Cette forme de langage aura

plus *d'actualité*, rapprochera mieux nos lecteurs et moi de celui que
nous ne verrons plus, hélas ! mais qui, pour le moment, nous paraî-
tra vivre encore.

Journée du mardi 13 mars (1849). — Comment M. de Lamartine
a-t-il passé la nuit? Telle est la question que, par ma porte, entr'ouverte de grand matin, j'adresse à son domestique, que j'ai entendu
sur le palier. — Très-bien, monsieur, répondit-il ; monsieur est au
travail depuis plus d'une heure. Je me recouche, et quand je suis
habillé, je lui fais une petite visite, au moment où l'on va lui servir
ces épinards et ce chocolat qui composeront son déjeûner quotidien.
Son vêtement de négligé n'est pas, comme le nôtre, une ample
robe de chambre, c'est au contraire une simple veste ronde, de fort
drap gris, comme le pantalon. M. de Lamartine se montre enchanté
du style simple et substantiel du bon Rollin qu'il vient de lire pour
la première fois « Comment, lui dis-je, vous ne connaissiez pas Rollin ! Mais, sauf quelque défaut de critique, quelques actes d'une cré-
dulité trop facile, c'est du suc et de la moëlle[1] — Vers une heure, il
vient dans mon cabinet, où nos dames elles-mêmes sont occupées à
écrire. « J'ai accompli ma tâche du jour, dit-il. Maintenant, si vous
le voulez, nous irons jeter un coup d'œil sur les curiosités de la ville. »
Le temps n'est pas beau comme hier. Le ciel est sombre ; il pleu-
votte. Nous sortons néanmoins et sans parapluie : lui, couvert d'un
paletot très-épais ; moi, sous un grand manteau. Je le conduis d'a-
bord pour avoir des nouvelles, au palais Jacques-Cœur, dont il ne
trouve pas l'extérieur aussi remarquable qu'on le lui avait dit. Nous
entrons dans la salle consacrée aux témoins de la Haute Cour (notre
salle ordinaire des assises, au rez-de-chaussée). Il est, dès les abords
et au dedans, salué et quelque fois accosté par un certain nombre de
personnes, qu'il me dit tout bas avoir plus ou moins figuré dans l'al-
garade qui fait l'objet du procès. Nous nous dirigeons de là vers la
rue de Paradis. Je lui montre en passant le petit hôtel de Veauce,
aujourd'hui affecté au général commandant la division militaire. —
On y a logé MM. de la Haute Cour; nous y déposons quelques cartes
de visite, puis nous entrons dans une cour attenante au collége ou
lycée, pour y voir des objets de sculpture qui m'ont été recommandés :
une tourelle fort élégante et au-dessus une cheminée et une porte
d'intérieur. M. de Lamartine loue beaucoup les deux premiers mor-
ceaux ; il ajoute qu'il a, dans son château de Saint-Point, une cheminée toute semblable ; mais qu'il ne possède et n'a presque rien vu de
comparable à la merveilleuse porte qui se trouve à proximité. Nous
remontons vers la cathédrale, et en approchons par la rue Porte-

Jaune. En découvrant la façade du monument, il s'écrie : ah ! voilà qui est beau ! il s'avance avec vivacité, il s'adosse au mur gris de l'une des maisons d'en face, il admire profondément ce beau et vaste portail, avec ses cinq ouvertures et ses riches dessins, en relief et rondes-bosses. Une dizaine de minutes est consacrée à cette contemplation qui le ravit.

Nous entrons ensuite dans le jardin de l'Archevêché, et poussant jusque sur la terrasse qui domine Séraucourt, je lui fais remarquer de là ce beau flanc de la cathédrale qui offre avec tant d'élévation une architecture si légère, et la large allée plantée de grands arbres, où a eu lieu, l'été précédent, pendant qu'il *régnait* à Paris, un grand banquet patriotique de fraternisation entre les gardes nationales d'Orléans et de Bourges. En descendant de cette terrasse, et nous avançant vers les bosquets dépouillés du jardin, un gros homme court, enveloppé d'un manteau bleu, vient à nous, saluant et resaluant avec beaucoup de respect. Ah ! voilà Flocon ! s'écrie M. de Lamartine. Que faites-vous ici, Flocon ? Le gros homme, dont le nom (1) a fort éveillé mon attention, et qui paraît jeune encore, répond toujours très-respectueusement qu'il est, ainsi que M. de Lamartine, appelé comme témoin dans le grand procès ; qu'il se trouve depuis plusieurs jours à Bourges, où il s'ennuie mortellement ; qu'il attend, avec une extrême impatience, le moment de faire sa déposition pour retourner vite à Paris. Il sortait de visiter la cathédrale. Mon noble compagnon l'autorise à y rentrer avec nous, par la porte latérale du côté de l'Archevêché. Assez connaisseur, à ce qu'il paraît, et dans un langage très-convenable, M. Flocon nous fait remarquer des points et des détails qui m'auraient échappé à moi-même. Nous passons un grand quart d'heure à parcourir, examiner, admirer sincèrement ce magnifique intérieur d'église, dont l'ampleur, l'élégance et la majesté en font presque la rivale du célèbre dôme de Milan. Nous en sortons par le petit portail latéral du côté opposé. Je ne puis m'empêcher de dire à M. Flocon dont la physionomie calme s'harmonisait avec une voix assez douce, que j'étais flatté de l'avoir vu de près ; et que je n'attacherais plus désormais à son nom l'idée que des renseignements fort exagérés sans doute avaient pu me donner de son caractère. — Soyez persuadé, Monsieur, répondit-il, que je ne suis nullement l'*Ogre* mangeur des petits enfants que l'on vous aura dépeint. Quand il nous eût quittés, M. de Lamartine questionné me dit qu'il croyait bien que certaines nuances existaient entre sa politique et

(1) Ce M. Flocon avait été ministre d'État en 1848.

celle de M Flocon; mais qu'il avait en toute occasion trouvé en lui une honnêteté et une loyauté parfaites. Nous retournons sur nos pas pour montrer à M. de Lamartine le bel escalier de l'Archevêché que j'avais oublié; puis il déclare se sentir le pied fatigué, et nous nous mettons en marche pour redescendre chez moi. Chemin faisant, il me demande si rien n'a été écrit sur cette belle cathédrale que nous venons de quitter. Je me rappelle une certaine *monographie* du monument, ouvrage d'un vieux chanoine, que possède l'un de mes collègues, M. Corrard-Lalesse. Un peu plus loin, nous sommes abordés par un jeune Allemand du nom de Stockler, qui s'exprime assez bien en français. C'est encore un témoin cité devant la Haute Cour. Il sollicite de M. de Lamartine un entretien particulier, qu'il obtient sans difficulté. Il y passe plus d'une heure, et quand il se retire je remets aux mains de M. de Lamartine le livre dont j'ai parlé et qu'il a le temps de parcourir encore avant le dîner.

En nous mettant à table, il se montra également satisfait et du livre et de sa conversation avec le jeune lettré allemand. Il a eu aussi l'occasion de mettre à l'épreuve la complaisance et la gentillesse de mon cher enfant. Il lui témoigne un intérêt plein d'affection qui me charme et qui, du reste, ne s'est jamais démenti. Il me promet pour une spirituelle dame de Bourges un petit billet autographe dont elle m'a témoigné avoir une grande envie; et comme je lui apprends que cette dame est parente ou alliée de M l'amiral de Mackau, il prend texte de cette circonstance pour nous raconter un des plus brillants exploits de ce marin distingué. Très-jeune officier encore, et commandant un bâtiment du plus léger calibre, il avait attaqué et vaincu une superbe frégate anglaise et l'avait amenée prisonnière dans le port de Livourne, le jour même où M. de Lamartine arrivait dans cette ville. Notre narrateur avait en conséquence partagé personnellement l'enthousiasme que cette belle action de guerre produisait sur tous les esprits : et bien des années après, par le récit chaleureux que lui-même en avait fait à la tribune de la chambre des députés, il avait eu le bonheur de détourner de la tête de M. de Mackau, depuis ministre de la marine, une disgrâce ou une injustice dont il était menacé. Ce n'est pas sans éloquence, même ici à table, que M. de Lamartine nous a raconté ce beau trait. Je remarque bientôt qu'il puise son tabac dans une boîte d'or ronde finement travaillée. Il nous fait voir sur le couvercle un joli portrait en miniature de Mme sa mère, née Des Roys, et peinte avant son mariage, en costume de chanoinesse et avec la croix d'un chapitre du Lyonnais ou de la Bourgogne. C'est une belle et noble figure, aux traits délicats, qui a laissé quel-

que chose de son empreinte sur le visage de son fils, Quand le portrait a fait le tour de la table, je lui montre à mon tour une de mes
chères montres de famille; celle dont je me plais à raconter qu'elle a
eu l'honneur d'aller, dans le gousset de l un des bisaïeuls de mes enfants, dîner à Ferney, à la table de M. de Voltaire. Il la prend de
mes mains, l'examine, la trouve belle et dit, en me la rendant : « Ces
« vieux meubles de famille sont précieux ; mais ne viendra-t-elle pas
« un jour dîner à Saint-Point dans le gousset de son propriétaire
« actuel? — Peut-être bien, mon cher hôte; on ne sait pas quelles
« faveurs l'avenir peut nous réserver! Mais ne serait-ce pas trop de
« gloire pour une seule montre? Si j'accomplissais jamais ce flatteur
« pèlerinage de Saint-Point, par moi infructueusement entrepris il y
« a une dizaine d'années — l'équité, la justice distributive voudraient
« que j'y emportasse avec moi la montre de mon propre père. » —
Un peu plus tard il nous apprend encore qu'écrivant ce matin un mot
à Mme de Lamartine il lui a déclaré se trouver si bien dans notre cottage (1) qu'elle viendrait peut-être, selon un désir exprimé par elle
au moment où il montait en voiture, passer un jour au milieu de
nous. Elle y trouverait à s'entretenir dans sa langue maternelle (2).
Cette espérance nous comble de joie.

Remontés dans mon cabinet qui sert de salon, Gilbert apporte un
billet à son maître. Il émane d'un ecclésiastique du pays, qui déclare
avoir fait vingt lieues pour saluer l'auteur de Jocelyn et qui demande
à être introduit. Un seul prêtre de Bourges avait témoigné le même
désir, s'était présenté dans la journée, pendant que nous étions sortis,
et avait laissé une carte où il se qualifiait d'*admirateur du génie*.
M. de Lamartine, après avoir consulté ces dames, fait monter M. l'abbé
et le reçoit avec bienveillance. C'est le curé d'une paroisse éloignée
dont je n'avais jamais entendu le nom. Il s'assied parmi nous ; cause
quelque temps ; se montre ami des lectures litteraires, et obtient du
grand poète un billet de recommandation près de M. le conseiller
Rocher, pour obtenir, s'il se peut, l'entrée facile dans l'enceinte de
la Haute-Cour. A cette visite succède celle d'un magistrat, récemm-
ment arrivé à Bourges, en qualité d'avocat général, M. Millevoye. fils
du poète — de l'auteur du *Mérite des Femmes* et d'*élégies en réputation*. Il paraît avoir été l'obligé de M. de Lamartine. Il amène la
conversation sur le compte du momentanément célèbre M. Louis

(1) Les Auglais appellent ainsi une petite maison dans un jardin ou à la
campagne.

(2) Me de Lamartine est anglaise de naissance. On a parlé de liens de
parenté entre elle et l'une des anciennes races royales d'Angleterre.

Blanc dont notre illustre hôte ne parle qu'avec circonspection et briè-
veté. Chose assez curieuse! il se trouve que la mère de M. Millevoye, née Mlle Flore de Lastre, est une compatriote et une amie de
jeunesse de celle de nos dames visiteuses qui est notre doyenne d'âge
à tous. Mme Millevoye de son côté se trouve actuellement à Bourges
chez son fils. Ces deux anciennes amies se sont perdues de vue depuis
le mariage de Mlle de Lastre. Après la visite de M. Millevoye, l'heure
de la retraite sonne pour notre hôte laborieux et charmant.

Journée du mercredi 14 mars (1849). — M. le conseiller Rocher,
qui joue dans la Haute cour un rôle actif, est venu avant son audience
rendre visite à M. de Lamartine et lui a fait espérer que ce soir ou
demain on l'entendrait en témoignage, après quoi l'on tâcherait de
lui rendre sa liberté, sauf à revenir en hâte, s'il était rappelé par
mon entremise. En conséquence, il désire faire aujourd'hui trois ou
quatre visites. Nous aurons pour cela un joli coupé neuf dit *berceuse,*
que M. Turquet, l'un de nos plus nouveaux collègues, a mis à ma
disposition pour M. de Lamartine et pour Madame, si elle venait elle-
même à Bourges. J'assiste encore vers onze heures au frugal déjeûner de mon hôte. Il a trouvé du plaisir à la lecture de la *monographie*
de notre cathédrale : il voudrait ne rendre le livre à son propriétaire
qu'après y avoir inscrit quelques vers signés de sa main. La signa-
ture suffirait seule, dis-je, pour le flatter ; mais des vers de vous
ajouteraient un grand prix au volume. — « Mais il y a un malheur,
« reprend-il, c'est que je ne sais plus faire les vers, mais plus du
« tout!... J'en vois là, sous un cher portrait, qui me prouvent que
« vous n'êtes pas rouillé comme moi ; il faut que vous m'aidiez dans
« cette besogne ; vous ne me refuserez point, n'est-ce pas? J'ai
« compté sur vous. » Je pars d'un éclat de rire et m'écrie : Ah ! par
ma foi, voilà qui est trop fort! Le grand poète Lamartine, le prince
de la poésie, se déclarant incapable, recourant, pour faire quelques
vers, à l'assistance d'un tiers, d'un homme de robe de province. Vous
me la donnez belle! Le trait est curieux, la plaisanterie digne de
passer à la postérité. — Ne riez pas, répondit-il, je parle sérieuse-
ment. J'ai essayé ce matin de tourner trois ou quatre vers, je n'ai pu
en venir à bout. Il est clair que je ne suis plus poète. — Je tâche de
reprendre mon sérieux et lui dit d'un ton tragi-comique : « Mon très-
« illustre maître, ceci est grave ; c'est une punition d'en haut ! Les
« muses se vengent de l'abandon de leur favori. Vous les avez trop
« négligées pour la politique ; vous vous êtes surtout fait trop répu-
« blicain. Bien que nées dans la Grèce, ces dames tiennent peu à la
« république ; elles sont devenues monarchiques avec le temps ; et

« comme je crois la monarchie nécessaire aux gens de mon pays ;
« que j'use peu de l'honneur de les aborder, elles ne me boudent pas
« trop, quand je leur demande quelque bagatelle. Ainsi, que votre
« génie se rassure ; si vous échouez dans votre *quatrain*, on tâchera
« de vous venir en aide, et de plus, on sera discret sur le fait de la
« collaboration. Mais ne me demandez rien pendant le jour ; je suis
« l'homme du soir ; je n'ai quelque mouvement de verve que durant
« la nuit. Nous aviserons à votre requête plus que singulière, quand
« nous serons couchés et nous verrons demain en quoi l'on pourrait
« assister votre indigence. » Je le quitte sur ce badinage, et il reprend sur sa planche son travail historique.

Vers deux heures, l'élégant véhicule de M. Turquet arrive. Nous
y montons ensemble. Il fait un froid vif ; malgré son épais paletot,
mon très-aimable hôte recourt à la moitié de mon manteau pour se
mieux garantir. Je lui rappelle la scène de Paul et Virginie marchant
abrités de cette façon sous la même pièce d'étoffe.

Par la place de la Halle et la rue Saint-Sulpice nous sommes con-
duits, en premier lieu, chez M. Mater, premier président, que M. de
Lamartine croit devoir visiter en qualité de son ancien collègue à la
chambre des députés. M. Mater nous reçoit dans son cabinet où sont
réunis, non par l'effet du pur hasard, M. Théophile Duchapt, son
gendre, en habit de garde national volontaire, M. Mater fils, procu-
reur de la République, et quelques autres personnes, désireuses de
voir et d'entendre de près le brillant témoin de la Haute Cour. J'avais
fait dire un mot à M. Duchapt, mon ami. On parle principalement du
procès qui se juge avec une si grande solennité. M. de Lamartine
s'explique sur plusieurs des accusés ; il en signale un comme profes-
sant une haute piété, ayant des hallucinations et se croyant et disant
favorisé de temps à autre des apparitions de la Sainte-Vierge. De
chez M. Mater, la voiture nous mène dans le centre de la ville, à la
porte de deux maisons dont les habitants avaient adressé, je crois,
quelques offres polies à Mme de Lamartine pour le cas où elle-même
viendrait à Bourges. L'une de ces personnes est une dame de Mon-
treuil, rue du Four-Chaud ; je ne me rappelle plus le nom de l'autre.
Mon illustre compagnon dépose simplement des cartes à ces portes,
et nous revenons dans le quartier des *Arènes*. Je fais arrêter la voiture devant la curieuse et jolie maison de Cujas qui excite son intérêt.
Un peu plus loin, c'est lui-même qui fait arrêter, lorsque sur la place
Berry nous avons à notre gauche la façade inférieure avec sa tour du
palais Jacques-Cœur. Il trouve de ce côté l'édifice bien plus beau,
plus séduisant pour le regard que dans sa partie haute. Il est certain

que, infiniment moins orné, à ce point de vue le château est plus im-
posant et plus pittoresque. Après plusieurs minutes consacrées à cet
examen, nous descendons jusqu'à l'extrémité de la rue d'Auron, où
un hôtel, dit de *la Poste*, a été nouvellement établi avec façade sur la
rivière.

Dans cet hôtel est descendue avec son frère, membre du jury de
la Haute Cour, une demoiselle de Trinqualéon, d'un département du
midi, qui s'occupe de littérature, et qui a écrit une lettre à M. de
Lamartine. Il veut l'en remercier par une visite; mais cette visite
sera très-courte. Cinq minutes y suffiront, m'assure-t-il; et il me
prie de l'attendre dans la voiture. C'est ce que je fais; et il me tient
fidèlement parole. Remonté près de moi, nous traversons la rivière
et prenant à gauche la route de Saint-Amand, nous avançons vers la
forge et le village d'ouvriers, de la création de M. de Vogüé, que
mon illustre compagnon désirait voir. Cependant, lorsque nous y
sommes arrivés, sa douleur au pied se faisant sentir plus vive, il ne
se soucie plus de descendre et nous rebroussons chemin vers la ville.
Il craint d'ailleurs que le moment ne soit venu d'être appelé devant
la Cour. Durant ce double trajet, notre conversation d'abord toute
intime retombe sur la politique. Il m'explique avoir, sous le règne de
Louis-Philippe, été presque toujours isolé à la Chambre, marchant
seul dans la ligne que ses convictions lui traçaient, en dehors de l'op-
position. Nous disons un mot de son fameux livre des Girondins et de
l'ancien parti qui portait ce nom. Croiriez-vous bien, me dit-il, qu'il
y a encore à l'heure qu'il est, en France, des gens qui se déclarent
Girondins? — Hélas! je le crois parfaitement, répliquai-je; j'ai vu
de ces gens-là, je leur ai parlé, et j'ai reconnu à quel point certains
cerveaux sont dépourvus de raison et de sens politique. Sur le com-
munisme et le socialisme, nous ne sommes pas aussi bien d'accord :
il regarde ces deux hérésies comme à peu près vaincues. Ne les re-
doutez pas, me dit-il, ce sont des extravagances de l'esprit et non
des passions vraies ayant de profondes racines dans le cœur. Notre
situation actuelle n'est plus *périlleuse;* mais elle est *laborieuse*
encore; elle exige de la prudence et de l'habileté de main; mais
nous parviendrons à la régler. — Il se rappelait avec émotion l'enthousiasme qu'il avait, à son heure, excité dans Paris, en proclamant
les grands principes de l'ordre, l'horreur du sang, le respect profond
de la vie humaine. Il se consolait de son état de disgrâce extérieure
par le dévouement qu'il avait montré devant le poignard et sous les
balles des factieux; et par l'affection sincère que le peuple de Paris,
le vrai et l'honnête peuple, lui conservait toujours; fait certain, dont

j'eus moi-même, plus de dix années après, quelques témoignages irrécusables et saisissants.

En devisant ainsi nous sommes rentrés dans la ville; nous revenons vers le Palais de Justice, afin de savoir si, comme l'a supposé M. Rocher, mon cher interlocuteur ne pourrait pas être appelé en témoignage avant la fin de l'audience.

On l'avait reconnu sans doute; car une espèce d'attroupement suit notre voiture, et nous en sortons dans la cour de Jacques-Cœur, sous les regards d'une foule de curieux qui nous accompagnent jusqu'à la salle des témoins. Nous y voyons un M. Degousée et et M. Taschereau, deux républicains qui contrastent singulièrement entre eux de visage et de tournure. On nous assure que l'heure est trop avancée pour que M. de Lamartine soit entendu ce soir. Mais son nom est maintenant l'un des plus prochains de la liste; et il lui est recommandé de se trouver demain aux ordres de la Cour, avant midi. Les employés de la mairie, attenante aux salles du Palais, nous invitent à visiter leurs propres salles. On nous y montre les portraits d'anciens maires et échevins en robe mi-partie rouge et verte; celui de M. le général Petit, l'homme du baiser d'adieu de Fontainebleau en 1814, qui a commandé à Bourges et s'y est fait aimer; enfin celui du fameux et infortuné Jacques-Cœur, l'une des grandes victimes de la jalousie et des bassesses humaines. En descendant de la Mairie, on nous engage aussi à parcourir un musée de création récente, qui ne se trouve qu'à une centaine de pas. Le jeune Allemand d'hier, qui a plu à M. de Lamartine, se rencontre sur notre passage et demande à nous accompagner. Un musée à Bourges doit être une bien faible curiosité pour l'homme qui a visité, tout à son aise, les nombreux et superbes musées de l'Italie. En traversant celui-ci, M. de Lamartine rencontre toutefois quelques objets qui l'intéressent; notamment le modèle en pierre d'une ancienne et très-jolie sainte-chapelle, détruite, dans le temps, à ce qu'on raconte, par suite d'une rivalité monacale. — Du musée, l'on nous mène encore à la maison des *Sœurs bleues* dite maison de Louis XI. M. de Lamartine y loue et admire de très-jolies et parfois très-bizarres sculptures; mais il juge que cette ornementation, cette espèce de broderie de pierre, n'est point contemporaine de Louis XI; qu'elle remonte tout au plus au règne de François Iᵉʳ. Enfin la jolie voiture de M. Turquet nous ramène au logis. M. de Lamartine se retire dans sa chambre pour se reposer et recueillir ses souvenirs en vue de la déposition qu'il doit faire demain. Plus tard il vient me retrouver dans mon cabinet et attendre le dîner au coin de mon feu. Il n'a jamais mis le pied dans l'enceinte d'un tri-

bunal, ne se souvient pas d'avoir jamais vu un magistrat en robe
rouge ou noire. Je lui donne des indications et renseignements pour
qu'il ne se trouve pas trop dépaysé dans la salle d'audience où il pé-
nétrera demain. Il me parle de mes travaux et de mes fonctions qu'il
s'étonne de me voir tant aimer. Je m'étonne encore plus à mon tour
de l'entendre dire qu'il n'a pas lu une ligne des savants écrits ni des
nobles harangues du chancelier d'Aguesseau, le modèle de tous les
magistrats. Je vous en ferai lire quelque chose, lui dis-je, si vous
demeurez quelque temps avec moi ; vous y verrez la vertu chrétienne
parlant le langage de Cicéron. Un homme tel que vous pourrait-il
mourir sans avoir connu l'une des plus pures gloires de la France ?
Au milieu de vos livres et papiers, me dit-il, voilà une boîte à violon
et un piano qui dénotent que vous cultivez aussi la musique. « Au
« point que j'ai fait plusieurs fois des airs non seulement sur mes
« propres chansons ou romances, mais sur des paroles de Béranger
« et même sur des vers de Lamartine lui-même. » J'ouvre alors mon
vieux piano et lui chante la première strophe de sa magnifique prière
de l'enfant : *O père qu'adore mon père*, puis une espèce d'ode de
Béranger, quelques autres airs de ma composition et enfin sa jolie
romance de l'*Hirondelle*. La sonnette du dîner nous appelle. A table,
il nous tient un certain temps encore sur le chapitre de la musique.
Il nous raconte qu'il a été longtemps sans l'aimer ; qu'il n'y a pris
goût que dans les grandes représentations de l'opéra, quand l'harmo-
nie devenait comme un fleuve abondant où il se baignait tout entier,
tandis qu'un chant, un instrument isolé lui faisait l'effet de la goutte
d'eau qui, tombant d'une certaine hauteur, pique et fait mal. Ces
dames et moi témoignons une extrême surprise de cette aversion de
notre interlocuteur pour la musique ; car il n'est pas de poésie plus
mélodieuse et mieux cadencée que la sienne. Sa courte visite à Mlle de
Trinqualéon provoquée par une lettre l'amène à nous entretenir aussi
de l'immensité de sa correspondance durant sa période presque pure-
ment littéraire ; de la quantité presque innombrable de missives qu'il
recevait de tous les points de l'Europe et même de l'Amérique ; de
la foule d'autographes qui lui étaient demandés : c'était presque chaque matin une corbeille entière de lettres qui lui fallait dépouiller.
Plus tard, remarquant la belle vieille porcelaine de Saxe et de Chine,
dans laquelle je lui faisais présenter le dessert, il nous raconte aussi
qu'il en a trouvé de semblable par pleines armoires dans le château
de Montceau, recueilli d'un de ses oncles. Dans son loyal abandon, il
va même jusqu'à nous donner à peu près le chiffre de la belle for-
tune, très-rare pour un fils de famille de province, qui a été réunie

dans ses mains, et celui du passif, également très-considérable, auquel il s'est laissé successivement entraîner. Il lutte contre de graves embarras d'affaires. Il espère s'en tirer à la faveur des sommes importantes encore que certains libraires lui offrent, pour de nouvelles éditions de plusieurs de ses ouvrages; il va même jusqu'à nous faire confidence du motif principal qui l'appelle à Mâcon. Nous savons qu'il a abusé du droit de se montrer généreux et magnifique; nous lui prêchons la sainte, bien que parfois *ennuyeuse* vertu *d'économie*, et l'excitons à résister dans l'occasion aux mouvements de son propre cœur. Pour sortir de ce sujet un peu pénible et scabreux, la plus jeune de nos dames qui a beaucoup voyagé et résidé en Italie, le transporte sous le beau ciel de Rome et de Naples, et lui demande s'il a visité la curieuse et charmante grotte *bleue* de Sorrente, le pays du Tasse. Il ne l'a point vue; elle n'a été découverte que depuis son dernier voyage dans ce pays, qu'il adore. Mlle M*** lui en fait une description qu'il accueille comme nous avec un vif intérêt. Après le dîner, ces dames s'étant retirées de bonne heure et mon écolier descendu pour son travail de collége, nous restons seuls dans mon cabinet. Pendant l'entretien il se promène fréquemment le long de mes livres dont il regarde souvent avec curiosité les titres presque tous inconnus. — Qu'est-ce que *Dalloz*, qu'est-ce que *Merlin* pour lui? Il me parle de divers hommes politiques contemporains : notamment de MM. Armand Marrast, Odillon-Barrot, de Montalembert. Ses jugements sur l'un ou l'autre me surprennent parfois. Nous sommes en grande divergence sur le compte de l'Université. Il la croit bien dirigée. J'y trouve, moi, beaucoup à reprendre. Notre discussion me conduit à lui citer des faits graves et notoires sur une classe de fonctionnaires de cet ordre que dans sa candeur il aurait presque considérés comme de nouveaux *apôtres* de l'ordre et de la moralité dans les campagnes. En réservant nombre d'exceptions honorables sans doute, je lui fais toucher du doigt la nécessité d'une sorte d'épuration et d'une surveillance active. Je l'engage au surplus à ne pas s'en tenir à mon jugement, à se consulter ailleurs, notamment dans son prochain voyage. Ami du bien comme il l'est, il a suivi mon conseil, il s'est défait de quelques illusions dangereuses, et moins de deux mois après, dans un recueil qu'il publiait alors, il adressa aux membres égarés du corps dont il est question une mercuriale des mieux senties qui prouvait sa droiture et qui a dû contribuer puissamment à la répression des abus. Revenant sur nous-mêmes, M. de Lamartine me confie ses goûts anti-mondains, son amour de la retraite et de la liberté. Vous êtes bien ici, me dit-il; je me plais dans votre petit cottage; on y est tranquille.

pour travailler ; puis ce coin de jardin, ces maisonnettes et basse-
cours qui vous environnent ont un air de campagne qui me flatte. J'y
entends chanter des coqs et glousser des poules. C'est au village que
je suis né, que j'ai passé les plus heureux jours de mon enfance. Je
suis toujours sensible à ce qui rappelle ce temps d'innocence et de
joies naïves.

A dix heures il se retire dans sa chambre ; il va se coucher dans
un grand lit que je possède encore, mais qui bientôt malheureusement
sortira de dessous mon toit, ses vastes dimensions ne me permettant
pas de l'emmener dans le lieu de ma retraite. En me serrant la main,
M. de Lamartine m'a rappelé l'espèce d'engagement pris ce matin de
faire seul ou de l'aider à faire quelques vers. On ne peut rien vous
refuser, lui ai-je dit, mais avouez ou que l'un de nous se moque de
l'autre, ou que nous jouons comme une petite scène de comédie. Cependant puisque j'ai promis, il faut tenir. Avisons donc à ce que l'on
pourrait écrire sur le livre de M. Corrard, en vers, ayant plus ou
moins de rapport avec la belle cathédrale dont il raconte l'histoire.
J'y pense en achevant ma soirée ; j'y travaille durant l'insomnie de la
nuit. — Mon élucubration produit la petite pièce suivante :

> L'homme ingrat et jaloux en tout temps se décèle :
> Il condamne Socrate, immole la Pucelle !
> Les prophètes divins sont abreuvés de fiel.
> Le messie annoncé paraît dans Israël !
> Enfant miraculeux, sauveur et Dieu lui-même,
> Son peuple contre lui fulmine l'anathème.
> Couvert d'affronts, il meurt sous la main d'un bourreau !
> Quand il est mort, le monde adore son tombeau...
> On lui dresse en tout lieu des temples manifiques.
> Le marbre et le phorphyre en ornent les portiques ;
> Les colonnes, les tours, superbes monuments,
> Élèvent dans les airs leurs pompeux ornements ;
> La pierre s'y découpe en festons, en dentelle ;
> Le verre en cent couleurs au soleil étincelle.
> Tous les arts au dedans, les métaux précieux,
> Prodiguent leurs chef-d'œuvres au Dieu mystérieux ..
> Mais tandis qu'il vivait, ce Christ, fils de Marie,
> Quels sont donc les présents que lui fit sa patrie ?
> Il a reçu des siens... ô fatal souvenir !
> Une crèche pour naître..., une croix pour mourir !

Journée du 15 mars (1849). — En transcrivant à mon lever les
vers qui précèdent, je ne m'en dissimule point les défauts. Ils com-
mencent par une sorte d'anachronisme, les crimes sociaux que j'y

rappelle n'étant point énoncés dans l'ordre des temps. Mais je n'ai pas le loisir de me corriger. Si M. de Lamartine veut faire quelque usage de ma petite pièce, il y changera tout ce qu'il voudra. J'espère même qu'il aura renoncé à me mettre à contribution. — Eh bien! dis-je en entrant dans sa chambre, la nuit donnant sommeil et portant conseil êtes-vous venu à bout de ce difficile quatrain ? — Oui, répond-il; mais que cela m'a donné de peine et que c'est peu satisfaisant! Décidément je n'y entends plus rien. Voyez plutôt vous-même! Je prends le morceau de papier qu'il me tend et j'y lis les lignes suivantes, tracées d'une écriture belle et très-lisible :

    « Ce triste passager du vaisseau de la terre,
    « L'homme ainsi que Noé construit l'arche sans port ;
    « Pour océan les jours, pour étoile un mystère.
    « Il erre en criant *route*, il sombre en criant *bord !*
    « Et la nef en débris trace en noir caractère,
    « Le profil d'un cercueil sur le ciel de la mort !
          « 15 Mars 1849. — Cathédrale de Bourges. »

N'est-ce pas, reprend-il, que c'est fort mauvais ? — Non, pas précisément, mon illustre maître; il y a même là une belle pensée. Mais les vers sont un peu nébuleux (1); ils ressemblent à la journée d'avant-hier. Toujours est-il qu'ils seront une vraie faveur pour mon bon vieux collègue. Daignez les transcrire sur son livre; moi, pour récompense de la bonne volonté que j'avais mise à y collaborer au besoin, je conserverai votre copie. — Le déjeûner servi de meilleure heure succède à ce petit incident. Il était à peine terminé, que l'on annonce M. Mater, premier président. Ce magistrat rendait avec empressement à M. de Lamartine une visite qui, je pense, l'avait flatté, et il se montre de fort bonne humeur. Ces messieurs s'entretiennent du temps où ils siégeaient ensemble au palais Bourbon. Tout à coup, élevant la voix, M. de Lamartine prononce ces paroles : « Que l'on est bien reçu et « bien traité à Bourges, monsieur le Président! J'y suis gâté par « votre jeune collègue. Voyez quelle jolie chambre il m'y a cédée. « Comme tout est clair et propre! et cette petite cheminée ornée « d'une des glaces de la chambre à coucher de madame sa mère, « comme elle nous chauffe bien! Mais quelle quantité de bois j'y con-

(1) Quand M. Corrard les eût lus, il m'avoua qu'il avait peine à les comprendre, à en saisir le rapport avec la belle église, sa paroisse. Je répondis qu'ils étaient nés surtout de l'impression produite sur la vive imagination du poète par l'état de l'atmosphère et l'aspect du monument qui, en réalité, examiné d'un certain point de vue sous un ciel sombre et pluvieux, ressemblait le 13 mars à un grand catafalque ou à un immense tombeau.

« somme! » Je réponds en m'approchant : « Pas assez, pas assez!
« mon cher hôte, et je crains bien que vous ne trichiez au jeu. Je
« comptais sur vous pour un mois entier, et vous m'avez tout l'air
« de méditer une fugue trop longue. Mais je ne serai pas aussi large
« que la Haute Cour ; je ne vous accorde, moi, que huit jours de
« congé et j'exige que vous reveniez tout de suite après, remanier
« mon bois et mes fagots. Que de bûches ne sacrifierait-on pas pour
« conserver un Lamartine. » M. Mater reprend la parole à son tour :
« Allons, messieurs, dit-il, en se levant, je vois à vos petites que-
relles que vous faites très-bon ménage ensemble ; mais l'heure avance,
ne tardez pas à partir pour le palais. Il ne faut pas faire attendre la
Haute Cour, ni exposer celui qui gouvernait la France, il y a un an,
à être grondé par des hommes de robe. » Je reconduis M. le premier
président jusqu'à l'extrémité de ma cour, et comme je rentre, arrive
à ma porte une petite charrette du chemin de fer, chargée d'une
espèce de ballot à l'adresse de M. de Lamartine, et que je fais porter
dans sa chambre. J'y suis presque aussitôt rappelé par lui ; j'aperçois
dans un coin Gilbert accroupi et ouvrant le ballot. Mon cher hôte, dit
M. de Lamartine, voilà pour vous : quelqu'un vous envoie de Paris
du papier imprimé. Troublé de ces paroles, je le regarde ; puis me
baissant vers son domestique, je découvre dans les enveloppes dé-
ployées du paquet une masse de beaux volumes portant le nom de
Lamartine. C'est un exemplaire, alors complet, de la plus belle édi-
tion de ses œuvres. Quoi! m'écriai-je, un si riche cadeau pour moi!
Comment l'aurai-je mérité? A quoi pensez-vous, mon trop généreux
hôte? Hier encore je vous prêchais l'économie, et dès le lendemain
vous vous remontrez prodigue. — Non, reprend-il, ce n'est pas moi
qui vous donne cela, c'est mon libraire. Je n'ai pris que la peine d'en
demander l'envoi .. Et puis, si c'était moi, refuseriez-vous ce souvenir de son passage à un ami heureux de vous l'offrir? — Je ne pus
que lui serrer la main avec attendrissement, et dire : Ah! je com-
prends maintenant pourquoi vous regardiez si souvent dans les rayons
de ma bibliothèque. Vous cherchiez s'il s'y trouverait de la place pour
ce qui en va faire désormais le plus bel ornement et la gloire. —
Peut-être bien, répond-il en riant ; mais partons! partons vite pour la
Haute Cour. La voiture est-elle arrivée? On l'entend à l'instant tourner sur le pavé et s'arrêter sous mes fenêtres.... Dix minutes après
nous sommes au Palais. Je n'ai que le temps de déposer mon illustre
compagnon dans la salle des témoins et de monter de ma personne à
la tribune grillée qui domine le siége des magistrats. Nos dames se
trouvent dans la tribune temporaire, élevée à l'autre extrémité de la

salle. On procédait à l'audition d'un sieur Robert, le témoin immédiatement inscrit avant M. de Lamartine. Au bout de quelques minutes,
ce dernier est introduit. A l'appel de son nom un grand mouvement
de curiosité éclate dans la salle; il est suivi d'un profond silence.
Tous les regards sont fixés sur l'éminent personnage. Après avoir
prêté serment, décliné ses nom, prénoms, âge (57 ans), etc. Il remercie de l'offre d'un siége; préfère rester debout et fait sa déposition
d'une voix sonore, mâle et ferme, avec une gravité noble et une remarquable modération.

Il trace d'abord une ligne de démarcation profonde entre ce qu'on
a nommé la *République rouge* et celle qu'il a proclamée, voulue,
maintenue, et dans laquelle il déclare espérer encore; il signale ensuite les difficultés, les embarras que présentait la situation; il montre
les mécontentements sourds, les divergences naissantes, les ambitions
refoulées et jalouses. Il retrace succinctement les progrès de la division intestine, et les mène jusqu'à une sorte de rupture et d'hostilité
perceptible dans le sein du gouvernement provisoire. De là à une
sorte de levée de boucliers, à des efforts ou à des écarts matériels, la
transition était facile. Cependant l'espèce d'émeute qu'on a qualifiée
de *journée du 15 mai*, l'invasion de la Chambre des représentants par
une populace en partie armée, n'est aux yeux du témoin qu'une grande
étourderie populaire, une sorte de *complot d'occasion* plutôt que de .
violence préméditée. Cet acte fort blâmable sans doute avait, selon
lui, plus d'étendue en surface que de solidité en profondeur. Le témoin
donne à entendre qu'un élément étranger, les suggestions d'un certain comité polonais y ont joué un rôle considérable, et que les intentions n'étaient pas foncièrement criminelles. Il décrit les parties ou
fragments de la scène tumultueuse tels qu'il les aurait aperçus. Arri-
vant aux rôles divers que tel ou tel des accusés y aurait joués, il n'en
parle pas avec moins de modération et de ménagements. Il donne des
éloges aux efforts qu'il a vu faire pour calmer les esprits, apaiser le
désordre et prévenir les violences; il s'abstient de toute conjecture
sur les intentions : il a même des paroles d'estime pour plusieurs des
inculpés; et c'est presque pour diversifier son récit qu'il raconte avec
un demi-sourire que un nommé Borme, inventeur d'une sorte de *feu
grégeois*, aurait menacé, dans un cas donné, de venir au sein même
de l'assemblée nationale, le foudroyer, lui témoin, avec une bouteille
de son fluide.

Cette déposition, que j'analyse ici en quelques lignes, a duré plus
de trois quarts d'heure, toujours en de nobles termes et dans une
attitude calme et pleine de dignité. Le public et les accusés eux-mê-

mes l'ont écoutée dans un silence respectueux. Un seul de ces derniers, que je ne veux pas nommer, parce que c'est de lui, moins que de tout autre, que l'on aurait dû attendre un procédé pareil, se permit, en contestant l'exactitude de quelques détails ou d'une date, de chercher à embarrasser l'illustre témoin : une évidente perfidie se glissait dans son langage ; il essayait de récriminer contre l'homme généreux qui venait de le couvrir d'une indulgence toute particulière. J'étais indigné de cette conduite aussi lâche qu'ingrate. M. de Lamartine n'eut pas l'air de s'en apercevoir.

Remontés en voiture tous deux, je ne puis m'empêcher de lui exprimer vivement mon impression contre cet homme, et de comparer son acte au coup de pied honteux donné par l'âne au beau lion qui le protége. Que voulez-vous ? répond mon noble interlocuteur : il est malheureux ; sa carrière est peut-être à jamais perdue. Il faut tout lui pardonner ! — Ce grand cœur était tout pétri de sentiments chrétiens.

En terminant sa déposition, M. de Lamartine avait exprimé très-vivement le désir de s'absenter dès le soir même, et supplié les accusés de lui adresser immédiatement toutes les questions qu'ils croiraient utiles. Aucun d'eux, contre ma prévision primitive, n'ayant paru s'opposer à son départ, il ne voulut plus penser qu'à cela. Je n'avais pas rencontré notre joli véhécule sur la place du Palais. C'est la grosse calèche de Mlle de Trinqualéon empruntée, qui nous ramenait chez moi. Hâtons-nous, disait M. de Lamartine. En partant d'ici sous deux heures, je puis être rendu à Mâcon demain vers le milieu de la journée. Quoi, répondis-je, partir tout de suite ! même sans dîner ! Et ce beau pâté de foies gras, que mon frère vient de m'envoyer de son pays natal, tout exprès pour vous ? — Je prendrai quelque chose en route ; quand au pâté il attendra un peu, nous le mangerons ensemble. Je vous le promets. Ne dois-je pas revenir dans huit jours ? Mais ne perdons pas un moment ! vous m'aiderez à faire mes paquets.

Ce départ précipité trouble bien nos dames ; mais on n'ose plus y contredire. Pendant que Gilbert va commander des chevaux de poste, et chercher la chaise de voyage, que mon propriétaire avait eu la complaisance de loger dans le vestibule de sa propre maison (1), j'aide en effet M. de Lamartine à trier ses papiers, et à choisir le linge et les effets qu'il convient d'emporter et qu'il serre dans une petite

---

(1) Elle s'était trouvée de dimensions trop fortes pour être reçue dans la petite remise de ma maisonnette et même sous le hangar fermé du voisin.

malle. Je lui remets son argent de voyage et reçois de lui des ins-
tructions touchant les lettres qui pourraient lui arriver à Bourges. On
charge sa chaise dans ma cour ; il y monte en répétant qu'il revien-
dra bientôt. Il part en effet vers trois heures de l'après-midi, me
laissant, comme gage de son prochain retour, ses livres, une partie
de ses vêtements ou chaussures, et plusieurs bouteilles du vin de
Léoville qu'il avait apportées.

M. le curé de *** était arrivé pendant les derniers préparatifs et
avait assisté au départ. Une chose le choque. Il ne trouve pas la
chaise de poste assez brillante pour celui qu'elle voiture, Aurait-il
voulu qu'elle fut ornée de lames d'or à l'extérieur ? Je l'invite à dîner
avec nous, ce qu'il accepte. On devine bien quel fut, pendant ce repas, le principal sujet de la conversation.

Journée du 31 mars 1849. — Retour et second départ. — M. de
Lamartine parti, un grand vide se fait dans la maison, et ce vide
éclate surtout aux dîners. Nous comptons les jours qui nous l'enlè-
vent. Une semaine s'écoule : puis on arrive au dixième jour, au dou-
zième, et notre cher et brillant voyageur ne reparaît ni ne s'annonce ;
je reçois de temps en temps une missive à son adresse ; je crois re-
connaître l'écriture de Mlle sa nièce, très-entendue, m'a-t-il dit, en
affaires : j'envoie ces lettres où il faut ; je me permets quelque fois
d'y ajouter un billet pour rappeler l'engagement pris avec nous. Je
menace de ne rendre ni livres, ni vêtements à nul autre qu'au propriétaire lui-même.... Nous touchons à la fin du mois sans ombre de
nouvelles : et nous conmmençons à craindre qu'un incident imprévu
n'ait rappelé directement à Paris celui que nous n'osons presque plus
attendre. Il reparaît toutefois ; mais pour bien peu d'instants.

Le 31 mars, par une très-belle journée, j'avais fait faire à nos
dames une longue promenade dans la campagne. En rentrant vers
quatre heures nous trouvons là chaise de poste dételée dans ma cour.
Grande joie ! M. de Lamartine est de retour. Je cours en hâte frapper
à sa porte. Il semble touché du rayonnement de mon visage et il
m'embrasse. Oui, me revoilà ! dit-il. Oh ! je me serais bien gardé de
vous manquer de parole. Mais je ne fais que passer. Il faut absolument que demain matin je retourne à Paris. Je vous expliquerai cela
en dînant. Mais je meurs de faim, faites s'il est possible que le dîner
soit avancé d'une heure, et en attendant vous m'aiderez encore à pa-
quetter afin que je puisse me coucher de très-bonne heure et partir
demain à la pointe du jour, être à la gare avant le premier convoi. —
Je descends en hâte donner quelques ordres, que mon cher écolier
avait donnés déjà et s'occupait de faire exécuter. Il est charmant, me

dit M. de Lamartine près duquel je remonte : vous ne me l'aviez donné que pour page ; il s'est montré tout de suite un majordôme consommé. Je suis arrive il y a une heure et demie. Il était seul avec les domestiques · il a agi, organisé, remué, commandé comme la plus habile ménagère Si nous pouvons dîner une heure plus tôt, c'est surtout à lui que je le devrai. — Mais, cher hôte, acceptez un bouillon en attendant? — Non ! je ne veux rien prendre entre mes repas, cela m'incommode. Hâtons-nous seulement et vidons l'armoire à glace. Pendant cette besogne, je lui avoue que, bien qu'il m'ait comblé de bontés et de cadeaux, j'ai encore une envie horrible : l'envie de le voler. — Volez-moi, volez, mon cher hôte, répondit-il vivement : que voulez-vous prendre? — Mon Dieu ! deux ou trois becs de vos plumes de fer, un porte-plume, quelque bagatelle qui vous ait servi à vous-même, et que je puisse montrer à quelques-uns de vos admirateurs, garder pour moi-même et transmettre à mes descendants comme reliques venant de vous. Il ouvre une petite boîte contenant des objets de ce genre. J'en prends quelques-uns, plus un ou deux petits articles de toilette, après l'avoir invité à les toucher encore du bout des doigts. Il va spontanément prendre sur une étagère deux petits cahiers couverts de son écriture et contenant des notes ayant servi au travail fait pendant son voyage. Prenez encore cela, me dit-il, vous pourrez distribuer ces petites feuilles à ceux de vos amis qui vous demanderaient quelques autographes (1). Je vais serrer chez moi ces petits trésors et reviens auprès de lui. Il me dit combien la faim le presse. — Tant mieux ! tant mieux ! répétai-je : Vous savez que nous sommes en fonds aujourd'hui. Si la cuisson complète manquait à quelques-uns de nos plats, on y suppléerait largement par la pièce intéressante arrivée de Strasbourg. Je redescends pour faire servir au plus vite. Au bout de cinq minutes j'envoie mon fils avertir M. de Lamartine que le dîner est prêt, et il lui remet en main le billet suivant :

> De la lyre la plus divine,
> Le son ne suffit point à notre humanité.
> Doubles sont nos besoins, double notre origine :
> Nous sommes *intellect*, et nous sommes *machine* ;
> Il faut nous soutenir d'un et d'autre côté.
> De la bibliothèque on passe à la cuisine ;
> L'esprit, le cœur, l'âme exaltent Lamartine.
> Tout bas l'estomac dit : *pâté*.

(1) J'en ai, en effet, distribué plusieurs. Il me reste de quoi en donner encore.

Pâté! s'écrie-t-il en entrant dans la salle à manger, voilà un beau mot d'ordre, et j'y souscris de grand cœur. Dînons! dînons! il y a urgence.

Malgré le fond de mélancolie que nous cause le peu de durée de sa réapparition, son brillant appétit et sa bonne humeur nous gagnent tous. Le repas devient gai; le pâté de Strasbourg, œuvre du plus célèbre faiseur, est vraiment délicieux. Gilbert, qui l'a attaqué d'une façon nouvelle, par la base, nous en sert des tranches superbes La faim de notre charmant convive est amplement et très-agréablement satisfaite. Il nous parle de son voyage; vingt heures lui ont suffi pour revenir de Mâcon. Il a laissé hier au soir cette ville dans la neige. Les campagnes qu'il vient de parcourir étaient également couvertes de neige jusque dans le département du Cher, et ce n'est qu'en approchant de Bourges que, à sa grande surprise, il a trouvé l'atmosphère du printemps. Il s'informe de la destination d'un vaste et bel édifice neuf, devant lequel il a passé en entrant dans notre faubourg de Dun-le-Roi (la maison du Sacré-Cœur que l'on commençait à peine à habiter). Il paraît satisfait de la tournure que prend l'affaire principale qui l'appelait à Mâcon; toutefois il en doit continuer sans retard les négociations à Paris; d'un autre côté, Mme de Lamartine, qui s'inquiète dès qu'il est quelque temps éloigné d'elle; qui est d'ailleurs souffrante, le rappelle à cor et à cris; enfin le choléra commence à reparaître dans la capitale. Il se sent donc excessivement pressé d'aller rassurer par sa présence sa chère compagne, et la soigner si elle était malade. Une lettre de M. Rocher lui a donné de la part de la Haute Cour l'assurance qu'il ne serait plus mandé devant elle. Il a promis en conséquence de se retrouver demain même à Paris, pour l'heure du dîner. Il veut bien ajouter que, connaissant maintenant la route de Bourges qui est très-directe, il se flatte d'y repasser une autre fois en retournant à Mâcon, et d'y amener Mme de Lamartine elle-même. Il a trouvé aujourd'hui le pain de mon boulanger si bon, qu'il voudrait le lui faire goûter. J'envoie sur le champ en demander deux semblables qu'on rapporte. Ce ne sont pas des *couronnes*, mais de petits pains arrondis, pesant trois quarts de livre, et qui sont, en effet, très-savoureux.

A ce singulier cadeau de pain, ces dames et mon fils ajoutent plusieurs cornets de bonbons fins et des pralines de Dajon ou de Lefebvre. J'ai désiré moi-même envoyer à Mme de Lamartine quelque objet qui pût l'intéresser. Un remarquable artiste d'Orléans dont le talent grandit tous les jours, M. Charles Pensée, mon compatriote, m'a fait parvenir, il y a quelques mois, une immense et magnifique lithographie de sa façon qui représente la ville d'Orléans tout entière, ses faubourgs et ses environs, jusqu'à plusieurs lieues (1), avec copie dans un coin du tableau de la belle statue de Jeanne d'Arc, faite par la princesse Marie. M. de Lamartine étant aujourd'hui député d'Orléans même, l'envoi de ce vaste panorama semble un hommage tout à fait convenable à Mme sa femme. Je prie donc mon illustre hôte de vouloir bien emporter avec lui ce cadeau, et l'offrir en mon nom. Il accepte la commission avec un plaisir qui me touche, après avoir, ainsi que nos dames, examiné et admiré le tableau au-dessous duquel je place l'inscription suivante, adressée à Mme de Lamartine :

> Ainsi que le grand homme heureux sous votre chaîne
> Du monde intelligent vous êtes souveraine;
> Tous les arts sont votre domaine (2),
> Tous les talents sont vos sujets....
> Si, jadis des Anglais, vous aviez été reine,
> Au lieu de le défendre en allumant leur haine,
> Jeanne d'Arc eut ouvert Orléans aux Anglais.

On cause encore un peu dans mon cabinet. M. de Lamartine prend congé de ces dames, et chacun se retire, vu l'heure extrêmement matinale fixée pour le départ du lendemain. Sa chaise de poste reste la nuit dans ma cour. elle y sera comme surveillée par moi-même, car, voulant mettre en voiture notre illustre voyageur, j'ai résolu de ne point me coucher, si ce n'est quand il aura quitté mon toit. Je passe donc la nuit entière près de mon feu, tantôt lisant, tantôt m'assoupissant dans un grand fauteuil, ou accoudé sur une chère vieille table de famille, où enfant, j'écrivais, près de ma mère, mes thèmes et mes versions.

C'est là que, au jour naissant, M. de Lamartine, en habit de voyage, puis mon fils, viennent me retrouver. Pendant que le second veille au chargement de la chaise, et envoie chercher des chevaux de poste pour la reconduire au chemin de fer, M. de Lamartine se rassied près de moi et s'y livre à une conversation toute intime. Il daigne me remercier encore de ma modeste hospitalité; il me renouvelle les offres de service les plus obligeantes, me félicite de l'intelligence et des qualités de mon cher enfant, et me fait promettre de le lui adresser, lorsque dans quelques années ses hautes études le conduiront à Paris. Celui-ci vient nous avertir que tout est prêt. Nous descendons

---

(1) On y aperçoit jusqu'au pont de Sully-sur-Loire.

(2) Mme de Lamartine est elle-même une artiste fort distinguée en peinture et en sculpture.

tous trois dans la cour. Le voyageur y achève de se bien envelopper, la tête surtout ; et, après nous avoir serré la main, il monte dans sa chaise où se dresse dans un coin, enroulée sur elle-même, à côté de la levrette, ma grande photographie d'Orléans qui a quatre à cinq pieds de haut. Les chevaux se mettent en mouvement. Les dernières paroles de M. de Lamartine sont celles-ci : « Venez nous voir bien-
« tôt, si cette peste qui recommence nous laisse tous debout ; croyez
« bien que vous serez reçu en ami ! »

Quand la voiture a disparu pour nous dans la rue de la Chappe, mon cher écolier me fait remarquer à l'horison, du côté du nord, une lueur rouge fort étendue qui donnerait l'idée d'une auréole boréale. Nous l'examinons avec surprise, et rentrons pour nous coucher. Dans le cours de la journée, on apprend que cette lueur extraordinaire est l'effet d'un incendie qui a dévoré douze maisons, dans la partie catholique du village d'Asnières.

Ce jour-là était le 1er avril 1849.

Le surlendemain, ce fut une lettre de Mme de Lamartine qui m'apprit l'arrivée de son cher voyageur à Paris. Cette lettre gracieuse et d'une simplicité du meilleur goût, on sera peut-être bien aise de la rencontrer ici :

« Monsieur, me disait cette femme supérieure, permettez-moi de
« vous charger de remercier monsieur votre fils des délicieux bon-
« bons qu'il a eu l'aimable pensée de m'envoyer. — Il m'aurait été
« bien agréable, je vous assure, de les manger à votre table à côté
« de M. de Lamartine qui se loue sans cesse de votre excellente hos-
« pitalité. J'ai renoncé avec bien de la peine à faire le voyage, lors-
« que mon petit paquet était déjà dans la voiture. La crainte d'ajou-
« ter au dérangement occasionné par mon mari m'a seule détournée
« de mon projet. Mais la route de Bourges est évidemment la plus
« courte pour aller à Mâcon. Aussi j'espère bien que je réaliserai une
« autre fois ma visite. — Je vous remercie beaucoup, Monsieur, de
« la belle gravure que vous m'avez envoyée ; elle a toute l'exactitude
« d'une carte de géographie, avec tout le pittoresque d'un tableau.
« Veuillez agréer ma reconnaissance avec l'expression de ma consi-
« dération bien distinguée.

« M.-E. DE LAMARTINE.

« Lundi 2 avril. — Je n'accepte pas l'éloge de vos vers, mais je
« suis bien reconnaissante à votre muse. »

Combien les projets humains sont aléatoires ! Ce passage par Bourges, projeté par M. et Mme de Lamartine pour des voyages ultérieurs, ne s'est jamais réalisé. Le développement des voies ferrées changeait leur route. Je me rendis bien à Paris aux vacances suivantes, j'y retournai tous les ans une fois ou deux, mais toujours à une époque de l'année où ils étaient eux-mêmes dans leurs propriétés du Mâconnais. Au cours de l'été de 1857, à l'occasion d'une souscription organisée par ses amis, dont je m'étais constitué l'agent, dans ma résidence, M. de Lamartine m'envoya l'un deux, M. le comte de Chamborand, pour se concerter avec moi. Ce monsieur me donna une demi journée ; je le retins à dîner, et à ma table il trouva les deux mêmes dames que M, de Lamartine avait eues pour convives huit années auparavant. Nous bûmes ensemble, mais dans une autre et plus vaste maison, à la santé de celui qui nous réunissait, la dernière des bouteilles de vin de Léoville qu'il m'avait laissées. Je ne revis M. de Lamartine que cinq ans après, en 1862. Sur son invitation pressante, et sur celle d'un autre grand personnage, j'allai passer mes vacances de Pâques à Paris. Le rez-de-chaussée de la maison qu'il occupait, rue de la Ville-l'Évêque, n° 43, fut un des endroits où je me présentais le plus fréquemment et avec le plus de bonheur. J'y fis la connaissance de Mme de Lamartine, que jusqu'alors je n'avais jamais vue ; je dînai auprès de leur charmante nièce, devenue dame chanoinesse de Munich (1), avec quelques amis intimes ; j'y jus comblé de bontés ! Mais cette partie de nos relations sortirait de mon cadre. Je n'ai voulu entretenir nos concitoyens que du séjour de M. de Lamartine dans leur ville.

Les détails dans lesquels je viens d'entrer m'en rappellent, au fur et à mesure que j'écris, un assez grand nombre d'autres que j'omets, car il faut se restreindre et finir. Peut-être quelques lecteurs trouveront-ils ce récit déjà trop étendu, trop minutieux. Mais les personnes qui aiment d'une certaine façon, ne s'en plaindront pas, et j'espère que ces petites scènes d'intérieur plairont aux curieux de l'avenir. Il y a quelque charme à suivre les hommes célèbres dans l'intimité des relations domestiques, à les surprendre, comme l'on dit *en déshabillé*. Avec quel intérêt et quel plaisir ne lirions-nous pas aujourd'hui des détails de la nature de ceux-ci, touchant l'infortuné Jacques Cœur, ou même simplement sur Cujas. — Et pourtant quelle énorme distance entre un Cujas, distingué et célèbre à un seul point de vue, et notre grand Lamartine !

Et maintenant que j'ai accompli, dans l'étroite mesure de mes forces, le modeste et pieux devoir que m'imposaient de tendres souvenirs et mon cœur ; que me reste-t-il que de remercier ceux qui ont

(1) Elle porte aujourd'hui le titre de comtesse de Cessiat-Lamartine.

bien voulu me suivre dans cette espèce de causerie du foyer, et d'exprimer en terminant un double vœu :

O Lamartine ! charmant et bien-aimé grand homme ! esprit puissant ! cœur d'or ! Vous qui, suivant le précepte évangélique, avez tant aimé Dieu et vos semblables ; qui avez célébré en termes si magnifiques les splendeurs du Très-Haut, et soulagé avec tant de constance les misères de ses créatures ; que l'amour et la prière des pauvres obtiennent aujourd'hui pour vous le céleste repos, le repos dans la lumière, entouré des chers êtres que vous avez pleurés ; et la prompte abolition de toute faute qu'auraient pu provoquer de votre part l'indélébile faiblesse et la fragilité de notre nature ! — qu'en même temps et par une réaction touchante, votre nom, mis en tête de ces simples pages, leur porte bonheur, et si, comme le désire vivement celui qui vient de les tracer, elles peuvent être réunies et offertes au public, au profit des indigents ; que ce nom, glorieux et doux, attire assez de lecteurs, assez de lectrices, pour produire une aumône de quelque valeur, afin que, dans ce pays même où vous n'avez fait que passer, il se rencontre, parmi les déshérités du monde, quelques âmes consolées qui puissent louer et bénir la mémoire du très-grand, du trèsbon et charitable, de l'immortel Alphonse de Lamartine !

Bourges, Dimanche des Rameaux de 1869.

Le Conseiller doyen de la Cour impériale.

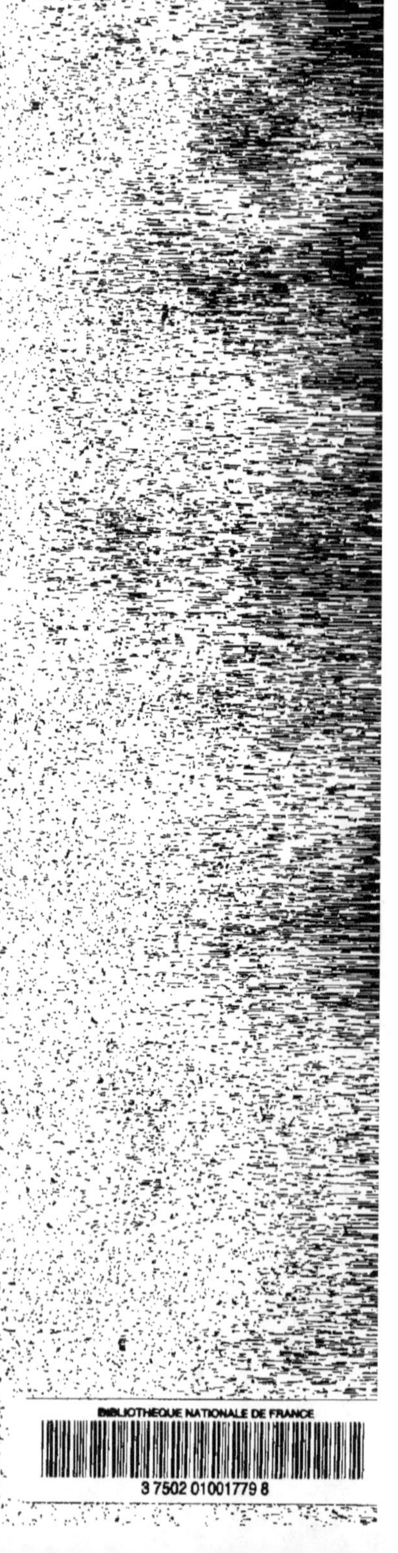

www.ingramcontent.com/pod-product-compliance
Lightning Source LLC
Chambersburg PA
CBHW061340050726
47595CB00005B/2009